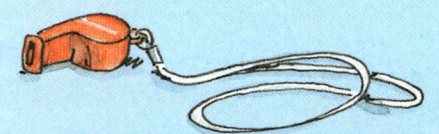

THiLO

Silbengeschichten zum Lesenlernen

Fußballgeschichten

Illustriert von Michael Bayer

www.leseloewen.de

ClimatePartner.com/18521-2202-1001

ISBN 978-3-7432-0504-8
Überarbeitete Neuausgabe
2. Auflage 2022
© 2005, 2012, 2020 Loewe Verlag GmbH, Bühlstraße 4, D-95463 Bindlach
Innenillustrationen: Michael Bayer
Umschlagillustration: Dirk Hennig
Umschlaggestaltung: Jennifer Wunderwald
Printed in the EU

www.loewe-verlag.de

Inhalt

Futbol! Futbol!

Max macht mit seinen Eltern
Urlaub in Spanien.
Er langweilt sich fürchterlich.
Mama und Papa wollen
den ganzen Tag lang
nur am Strand liegen
und sich sonnen.

Max schnappt sich lieber
seinen neuen Fußball
und schaut
den spanischen Kindern zu.
Sie machen Quatsch
und lachen viel.
Leider versteht Max
kein Wort.

Plötzlich stürmen alle
auf ihn zu und rufen:
„Futbol! Futbol!"
Die beiden größten
nehmen sich seinen Ball
und kicken ihn hin und her.
Schnell laufen sie damit
die Straße hinunter.
Max steigen Tränen
in die Augen.

Das war's dann wohl!

Sein Ball ist weg.

Da nimmt ihn ein Mädchen

bei der Hand

und zieht ihn mit.

Alle zusammen rennen sie

zum Dorfplatz.

Mit ihren Schuhen

bauen sie zwei Tore.

Der große Junge mit dem Ball

zeigt auf Max,

dann auf sich.

Max begreift:

Sie sind in einer Mannschaft.

Dann spielen sie Fußball.

Sie rennen, schwitzen,

verlieren, gewinnen.

Und alle lachen sich halb krank,

wenn Max wieder mal

nur Bahnhof versteht.

Natürlich lacht Max auch.

Endlich keine Langeweile mehr!

Und am Abend kann Max schon

ein Wort Spanisch:

„Amigo" – das heißt Freund.

Noch **drei** Minuten

Kurz vor dem Spiel
kommt Evas Trainerin aufgeregt
in die Umkleidekabine.
„Zeigt heute alles,
was ihr draufhabt, Mädels!",
sagt sie.
„Eine Spielerbeobachterin
vom FC Sturmhausen
ist gekommen.
Sie sucht neue Talente
für ihre Jugendmannschaft."

In Evas Magen

kribbelt es.

Der FC Sturmhausen

ist ihre absolute

Lieblingsmannschaft.

Schon nach dem Anstoß

läuft Eva wie der Teufel.

Sie schlägt

ein paar tolle Pässe

und wehrt geschickt

einen Gegenangriff ab.

Nach der Pause schießt

ihre Freundin das 1:0.

Alles sieht bestens aus,

doch kurz vor Schluss erzielt

die andere Mannschaft

den Ausgleich.

Dann fliegt der Ball auch noch
in die Zuschauermenge.
Alle Spielerinnen sind
schon völlig erschöpft,
aber Eva rennt zur Linie.
Eine Frau hält den Ball
in den Händen.

Eva wird ungeduldig.

„Geben Sie doch
endlich den Ball her!",
schreit sie.

„Wir haben nur noch
drei Minuten!"

Die Frau schmeißt ihr
erschrocken den Ball zu.

Nach dem Einwurf wird Eva
der Ball wieder zugespielt.

Sie umdribbelt

drei Spielerinnen

und haut ihn ins Netz.

2:1 – gewonnen!

Evas Trainerin läuft

aufs Spielfeld.

Sie hat die Frau dabei,

die Eva vorhin

so angeschrien hat.

„Darf ich dir
die Spielerbeobachterin
vom FC Sturmhausen
vorstellen?",
sagt die Trainerin zu Eva.
Eva schluckt – aus der Traum.
Doch die Frau drückt ihr
eine Telefonnummer in die Hand.

„Frag deine Eltern,
ob du mich anrufen darfst",
sagt sie lachend.
„Mädchen, die wissen,
wann's ernst wird,
kann ich gut gebrauchen!"

Vom Land, nicht von gestern

Die Mannschaft von Kalle
ist aufgestiegen.
In den Ferien haben
die Spieler auf ihre Trikots
Rückennummern
und ihre Namen genäht.
Aus weißen Kniestrümpfen
wurden mit etwas Farbe
echte Fußballstutzen.

Heute spielen sie

zum ersten Mal

in einer neuen Liga.

Sie müssen bis

in die Großstadt fahren.

Alle fiebern

dem großen Spiel entgegen.

Doch die Vorfreude
ist schnell vorbei.
Ihre Gegner lachen schon,
als sie
aus ihrem klapprigen Bus
steigen.

„Die ollen Hemden!",
spotten sie.
„Bei euch auf dem Land
näht man die Trikots
wohl noch selbst, was?"
Die andere Mannschaft
hat gekaufte Trikots,
sogar mit Werbung drauf!

Kalle ist stinksauer.

Seine Freunde kochen vor Wut.

„Nur die Ruhe!",

ermahnt Kalle sie.

„Wir geben ihnen

die Antwort auf dem Platz!"

Und tatsächlich

sehen ihre Gegner

aus der Großstadt

ganz schön alt aus.

Kalle verteilt die Bälle

aus dem Mittelfeld,

seine Freunde schießen

ein Tor nach dem anderen.

Nach dem Spiel

kommt der Kapitän

der gegnerischen Mannschaft

zu Kalle

und schüttelt ihm die Hand.

„Wir müssen uns
bei euch entschuldigen!",
sagt er.
„Richtig!", meint Kalle.
„Wir sind zwar vom Land,
aber nicht von gestern!"

Ein richtiger Torriecher

Zu ihrem siebten Geburtstag
hat Barbara
einen Hund bekommen.
Und weil Barbara
so ein großer Fußballfan ist,
hat sie ihn „Stürmer" genannt.

Fast jeden Tag laufen

die beiden zum Fußballplatz.

Dann spielt Barbara

mit ihren Freunden

drei gegen drei auf ein Tor.

Stürmer spielt

natürlich auch mit.

Heute ist allerdings

gar nichts los.

Nur ein Junge kickt

gelangweilt den Ball

vor sich her.

„Darf ich mitspielen?",

fragt Barbara.

„Nö!",

brummt der Junge nur.

Wieder und wieder schießt er

den Ball in die Luft

und nimmt ihn dann

mit dem Fuß wieder auf.

Nach einer Weile

wird es Stürmer zu bunt.

Er springt auf den Platz

und holt sich den Ball.

„Stürmer!",

ruft Barbara erschrocken.

„Das ist nicht unser Ball!"

Der Junge schaut verwundert

erst zu seinem Ball,

dann zu Barbara.

„Warum heißt dein Hund
denn Stürmer?",
will er wissen.
Stürmer stupst den Ball
mit der Schnauze ins Tor.
„Na, ist doch klar!",
meint Barbara.
„Weil er einen richtigen
Torriecher hat!"

Der beste Fußballer der Welt

„Jonathan hat's gut",

denken alle.

Denn Jonathans Vater

ist ein berühmter Fußballspieler.

Fast jeden Tag

werden seine Spiele

im Fernsehen gezeigt.

Die Klassenkameraden
sind fürchterlich neidisch
auf Jonathan.
„Jonathan hat's gar nicht gut",
denkt Jonathan.
„Was nützt
so ein berühmter Vater,
wenn er nie Zeit hat?"

Heute ist das große Endspiel
von Jonathans Mannschaft.
Alle Väter stehen am Rand
und schauen zu.
Nur Jonathans Vater nicht.
Der muss ja selbst spielen.

Mürrisch geht Jonathan
auf den Platz.
Lustlos kickt er den Ball
zu seinen Kameraden.
Schnell liegen sie
mit 0:2 hinten.

Da klatschen plötzlich
alle Zuschauer.
Die Spieler schauen verwirrt
zum Spielfeldrand.
Jonathans Vater ist gekommen!
Er zeigt auf einen Verband
an seiner Hand.
Mit dieser Verletzung kann er
heute nicht spielen.

Jonathans Herz

schlägt vor Freude Purzelbäume.

Jetzt dreht er richtig auf.

Im Nu schießt er das 1:2.

Er flankt, Paul köpft – 2:2.

Auch das dritte und vierte Tor

gehen auf Jonathans Konto.

Es wird ein klarer Sieg.

Jonathans Papa umarmt seinen Sohn.

„Darf ich

ein Autogramm haben?",

fragt Paul.

„Für mich sind Sie

der beste Fußballer der Welt!"

„Quatsch",

sagt Jonathans Vater.

„Der beste Fußballer der Welt –

das ist doch mein Sohn!"

Volltreffer!

Jette und ihre Freunde
wollen Fußball spielen.
Aber wo?
Im Park
und auf dem Spielplatz
ist Bolzen verboten.
Auch hinter dem Supermarkt
sind sie schon verjagt worden.

Also spielen sie
auf einer ruhigen Nebenstraße.
Hier ist nur wenig Verkehr.
Jette stürmt mit dem Ball
aufs Tor zu und zieht ab.
„Volltreffer!",
ruft sie strahlend.
Doch vor lauter Siegeswillen
hat sie den Lieferwagen
von Bäcker Mehlig übersehen.

Der Ball fliegt genau
gegen den Kotflügel
und drückt eine Delle hinein.
Herr Mehlig steigt aus
und schimpft.
Die Kinder senken ihre Köpfe.
„Kommt morgen Nachmittag
um drei Uhr zur Backstube,
dann regeln wir das!"
Er zeigt auf die Macke
im Auto und fährt davon.

Jette ist geknickt.

Wie soll sie

den Schaden bezahlen?

In ihrem Sparschwein

sind nur noch ein paar Cent.

Am nächsten Tag stehen alle

pünktlich vor der Backstube.

Bäcker Mehlig kommt heraus.

„So, Abmarsch!",

sagt er und grinst.

Jette und ihre Freunde
folgen ihm bis zum Stadtrand.
An einer verwilderten Wiese
bleiben sie stehen.
„Das hier ist
der alte Bolzplatz
von mir und meinen Freunden",
erklärt der Bäcker.

„Zur Strafe

mäht ihr den Rasen,

baut die Tore wieder auf

und spielt ab heute

nur noch hier, klar?",

fügt er hinzu.

„Klar!", ruft Jette

und klatscht begeistert

in die Hände.

Ihr Schuss vors Auto war ja

doch ein Volltreffer!

Beste Freunde

Jan und Ulli sind
die besten Freunde.
Sie hängen einfach immer
zusammen rum.
Nur einen Tag fürchten sie
in jedem Jahr:
das Sportfest!

Da müssen sie gegeneinander
Fußball spielen,
denn Jan ist
in einer anderen Klasse.
Das Dumme ist:
Jan spielt als Verteidiger,
Ulli als Stürmer.

„Heute schießt du
keinen rein!",
verkündet Jan,
als sie sich vor dem Spiel
die Hände reichen. „Wetten?"
Ulli zeigt ihm einen Vogel
und schlägt ein.
„Wette gilt!"
Gleich in der ersten Minute
kommt Ulli mit dem Ball
auf Jan zu.

Der haut die Kugel weg.

Dann weicht er Ulli

nicht mehr von der Seite.

Auch bei der nächsten Flanke

steht Jan im Weg.

Doch in der zweiten Halbzeit

passt Jan einen Moment lang

nicht auf.

Ulli stürmt an Jan vorbei.

Nur mit einem Foul
könnte der Ulli noch bremsen.
Jan grätscht ihm hinterher,
zieht aber
im letzten Augenblick
das Bein weg.
Tor für Ullis Mannschaft!
Und dabei bleibt es.

Jans Mitspieler sind
sauer auf ihn,
aber Ulli kommt
und bedankt sich.
Jan zuckt mit den Schultern.
„Lieber eine Wette verloren
als einen Freund!"

Weltmeisterschaft im Wohnzimmer

Rebecca sitzt auf dem Sofa
und starrt aus dem Fenster.
Draußen regnet es.
Eigentlich wollte sie
die Fußball-Weltmeisterschaft
im Fernsehen anschauen.
Aber der Fernseher
ist kaputtgegangen.
Rebecca ist schwer enttäuscht.

Da tänzelt Papa
mit einer Pizza
ins Wohnzimmer.
„Ich bin Italiener!",
ruft er,
um Rebecca aufzuheitern.
Mama kommt die Treppe
herunter.
Sie trägt ein Bikinioberteil
über ihrem T-Shirt,
unterm Arm klemmt
ein Fußball.

„Ich bin Brasilianerin!",

säuselt sie.

Rebecca kichert.

Sie läuft in ihr Zimmer

und zieht Opas Lederhose an.

„Ich bin Deutsche!",

sagt sie und jodelt schief.

Zuletzt tritt

Rebeccas Oma auf:

Vornehm setzt sie

ihre Teetasse ab

und spitzt die Lippen.

„Und ich bin
die Königin von England!"
„Ich glaube, wir haben
die besten Mannschaften
der Welt zusammen!",
meint Rebeccas Vater.
Er schreibt vier Zettel
und lost aus,
wer gegen wen spielt.
Dann startet
die Weltmeisterschaft
im Wohnzimmer.

Zwei Stunden

spielen sie hier Fußball.

Die Rückseite vom Sofa

ist das Tor.

Als allen die Puste ausgeht,

essen sie die kalte Pizza.

Das Fernsehen haben sie

längst vergessen.

Die ersten 20 Lebensjahre verbrachte **THiLO** in der Kinderecke der elterlichen Buchhandlung. Heute lebt er mit seiner Familie in Mainz und schreibt neben seinen Romanen auch Drehbücher fürs Fernsehen. Mehr über THiLO und seine Geschichten erfahrt ihr im Internet unter www.thilos-gute-seite.de.

Michael Bayer, 1971 in Friedrichshafen am Bodensee geboren, studierte Grafikdesign und Illustration an der Fachhochschule in Münster. Nach einem kurzen Abstecher in die Werbung arbeitet er heute als freier Illustrator in Mönchengladbach.

Mit bunten Silben lesen lernen

Viele spannende und schöne Geschichten zu beliebten Themen erleichtern Ihrem Kind den Start in die Welt der Buchstaben. Die große, gut lesbare und bunte Schulbuchschrift macht Spaß und führt rasch zum ersten Leseerfolg!

In diesem Band sind alle Wörter in farbig markierte Buchstabengruppen, die Sprechsilben, unterteilt. So sind sie für Erstleser einfacher und schneller zu erfassen. Schon Vorschulkinder teilen ein Wort beim Sprechen intuitiv in Silben auf. Durch die farbigen Markierungen der Silben ist es für Kinder viel leichter, die richtige Einteilung auch in geschriebenen Wörtern zu erkennen und den Sinn der Wörter zu begreifen. Auf diese Weise lernen sie schnell, flüssig und fehlerfrei zu lesen.

Zahlreiche bunte Bilder sorgen zusätzlich für Abwechslung und ermöglichen kleine Pausen. Die klare Zuordnung der Bilder zum Geschehen in den Geschichten unterstützt das Textverständnis. So kommen auch weniger geübte Leser schnell zu einem Erfolgserlebnis und Lesen wird zum Kinderspiel!

Noch mehr Silbengeschichten zum Lesenlernen

ISBN 978-3-7432-1397-5

ISBN 978-3-7432-1292-3

ISBN 978-3-7432-0915-2

ISBN 978-3-7432-0914-5

ISBN 978-3-7432-1094-3

Loewe
Das will ich lesen!